BEI GRIN MACHT SICH IHR
WISSEN BEZAHLT

- Wir veröffentlichen Ihre Hausarbeit,
  Bachelor- und Masterarbeit

- Ihr eigenes eBook und Buch -
  weltweit in allen wichtigen Shops

- Verdienen Sie an jedem Verkauf

Jetzt bei www.GRIN.com hochladen
und kostenlos publizieren

Bibliografische Information der Deutschen Nationalbibliothek:

Die Deutsche Bibliothek verzeichnet diese Publikation in der Deutschen National-
bibliografie; detaillierte bibliografische Daten sind im Internet über http://dnb.d-
nb.de/ abrufbar.

Impressum:

Copyright © 2016 GRIN Verlag, Open Publishing GmbH
Druck und Bindung: Books on Demand GmbH, Norderstedt Germany
ISBN: 9783668267619

Dieses Buch bei GRIN:

http://www.grin.com/de/e-book/337030/gruppentraining-kursanalyse-cycling-und-
planung-einer-trainingseinheit

Jeannine Steiner

Gruppentraining. Kursanalyse Cycling und Planung einer Trainingseinheit Wirbelsäulengymnastik

GRIN Verlag

GRIN - Your knowledge has value

Der GRIN Verlag publiziert seit 1998 wissenschaftliche Arbeiten von Studenten, Hochschullehrern und anderen Akademikern als eBook und gedrucktes Buch. Die Verlagswebsite www.grin.com ist die ideale Plattform zur Veröffentlichung von Hausarbeiten, Abschlussarbeiten, wissenschaftlichen Aufsätzen, Dissertationen und Fachbüchern.

Besuchen Sie uns im Internet:

http://www.grin.com/

http://www.facebook.com/grincom

http://www.twitter.com/grin_com

Deutsche Hochschule für
Prävention und Gesundheitsmanagement
Hermann Neuberger Sportschule 3
66123 Saarbrücken

Einsendeaufgabe

Fachmodul:	Gruppentraining 1
Studiengang:	Fitnessökonomie
Datum Präsenzphase:	11.04.16 – 14.04.16
Name, Vorname:	Steiner, Jeannine
Studienort:	**Zürich**
Semester:	**WS15**

Inhaltsverzeichnis

1 Besuch einer Kurseinheit

Im Rahmen dieser Aufgabenstellung wurde ein 45 minütiger Cycling Kurs besucht.

1.1 Phasenverlauf des besuchten Cycling Kurses

Der Phasenverlaufs des besuchten Cycling Kurses wird nachfolgend dargestellt und in einem weiteren Schritt mit einem optimalen Phasenverlauf verglichen.

Begrüßung:

Der Kurs begann mit einer Begrüßung der Teilnehmer, Hinweise zu Sitzposition und Handstellung beim Spinning Bike sowie einer kurzen Information über den Verlauf des Hauptteils der Stunde.

Warm Up:

Das darauf folgende Warm Up bestand aus einem lockeren Einfahren im Sitzen und Stehen. Nach einem 3-minütigen lockeren Fahren im Sitzen wurde in die Stehposition drei gewechselt. Anschliessend erfolgten ein paar lockere Jumps pro Phrase des Songs.

Hauptteil:

Der Hauptteil des Kurses war so gestaltet, dass pro Song abwechselnd im Sitzen und Stehen gefahren wurde. Beispielsweise wurde ein Song im Stehen in vier verschiedenen Fahrpositionen im Stehen gefahren. Im ersten Teil des Songs erfolgten die Wechsel der Fahrpositionen pro Phrase des Musikbogens, im zweiten Teil des Songs pro Takt des Musikbogens.

Cool Down (Ausfahren):

Das anschließende Ausfahren erfolgte im Sitzen mit wenig Widerstand.

Dehnen:

Im Anschluss fand ein Stretching für Nacken-, Schulter-, Brust- und Beinmuskulatur statt. Die Brustmuskulatur wurde z.B. gedehnt, indem die Hände hinter dem Körper verschränkt und die Arme nach hinten gestreckt wurden.

Verabschiedung:

Zum Abschluss verabschiedete sich die Instruktorin und bedankte sich für die Teilnahme.

Der Aufbau einer Kurseinheit spielt für deren Erfolg und dessen Effektivität eine wesentliche Rolle. Für den Aufbau einer Kurseinheit wird die Drei-Phaseneinteilung empfohlen, welche im Sport allgemein anerkannt ist. Sie unterteilt sich in Einleitung, Hauptteil und Schlussteil. Die Einleitung unterteilt sich in die weiteren Bausteine Begrüßung, allgemeines Warm Up und spezielles Warm Up. Der Schlussteil unterteilt sich in die weiteren Bausteine Cool Down I, Cool Down II und Verabschiedung (Reiß & Eifler, 2015, S. 61-65).

Der Aufbau des Cycling Kurses basierte klar erkennbar auf der Drei-Phaseneinteilung. Die Einleitung wich jedoch von den weiteren Bausteinen der Einleitung der Drei-Phaseneinteilung ab. Die Bausteine Begrüßung sowie allgemeines Warm Up fanden statt, jedoch fehlte der Baustein spezielles Warm Up. Ein spezielles Warm Up in Form von einer Technikübung für einen runden Tritt oder eine gleichmäßige Beinbelastung sollte in einem Cycling Kurs integriert werden. Der Schlussteil enthielt alle Bausteine des Schlussteils der Drei-Phaseneinteilung mit Cool Down I (Ausfahren), Cool Down II (Dehnen) und Verabschiedung.

1.2 Motorische Fähigkeiten im besuchten Cycling Kurs

Im Hauptteil des Cycling Kurses wurde primär die motorische Fähigkeit Ausdauer angesprochen. „Ausdauer ist die Fähigkeit, physisch und psychisch lange einer Belastung zu widerstehen, deren Intensität und Dauer letztendlich zu einer unüberwindbaren (manifesten) Ermüdung (= Leistungseinbuße) führt, und/oder sich nach physischen und psychischen Belastungen rasch zu regenerieren" (Zintl, 1997, S. 28). Während des Hauptteils war in erste Linie die Fähigkeit gefragt, die geforderte Leistung des Radfahrens in den verschiedenen Positionen im Stehen und Sitzen über die gesamte 45 minütige Dauer aufrecht zu erhalten (Ermüdungswiderstandsfähigkeit). In zweiter Hinsicht kann auch die Regenerationsfähigkeit angeführt werden, sich nach dieser Belastung so rasch wie möglich wieder zu erholen, um in angemessener Zeit eine erneute Trainingseinheit durchführen zu können.

Als eine weitere motorische Fähigkeit wurde im Hauptteil des Cycling Kurses die motorische Fähigkeit Schnelligkeit angesprochen. „Schnelligkeit ist die Fähigkeit, auf einen Reiz bzw. auf ein Signal in kürzester Zeit zu reagieren und zyklische oder azyklische Bewegungen bei unterschiedlichen Widerständen mit höchster Geschwindigkeit auszuführen" (Martin et al., 1993, S. 147). Die motorische Fähigkeit Schnelligkeit wurde während Sprintintervallen im Sitzen von 20 Sekunden angesprochen, während dessen möglichst schnell gegen den Widerstand eine möglichst hohe Trittfrequenz erreicht und durchgehalten werden musste.

1.3 Betrachtung des Kursleiterverhaltens

Dem Gruppentrainer können fünf Funktionen zugeordnet werden: Lehrer, Dienstleister, Vorbild, Animateur und Teammitglied (Reiß & Eifler, 2015, S. 86-88). Das Verhalten des Gruppentrainers wurde in Bezug auf die vier Funktionen als Lehrer, Dienstleister, Vorbild und Animateur analysiert und wird im Folgenden anhand von jeweils drei Beispielen verdeutlicht.

1.3.1 Funktion als Lehrer

Vorbereitung der Stunde:
Die Instruktorin bereitete den Kurs basierend auf der Drei-Phaseneinteilung sehr gut vor. Die Musik passte zu den gefahrenen Inhalten und die Wechsel der verschiedenen Fahrpositionen waren auf die Musikbogen und Phrasen abgestimmt.

Abstimmen der Inhalte auf die Zielegruppe:
Es waren keine Angaben über die Leistungsstufe des Cycling Kurses im Kursplan aufgeführt. Somit musste die Instruktorin sicherstellen, dass die Inhalte sowie auch die Intensität für alle Leistungsstufen umsetzbar und effektiv sind. Die gefahrenen Inhalte waren technisch für jede Leistungsstufe gut fahrbar. In Bezug auf die Intensität hat jedoch eine klare Intensitätsvorgabe durch die Instruktorin gefehlt. Insbesondere Anfänger laufen dann Gefahr, zu intensiv zu trainieren oder sich zu überfordern.

Erklären, vormachen und korrigieren der verschiedenen Fahrpositionen:
Die Instruktorin fuhr die verschiedenen Fahrpositionen korrekt vor und erklärte diese sehr verständlich. Sie korrigierte jedoch die Teilnehmer nie in Bezug auf eine falsche Körperhaltung, fehlende Rumpfspannung oder zu hohe Intensitätsbereiche.

1.3.2 Funktion als Dienstleister

Ansprechpartner:
Die Instruktorin ging aktiv auf alle Teilnehmer zu, begrüßte sie und stellte sich persönlich vor. Sie stand allen Teilnehmern für Fragen und Hilfestellungen zur Verfügung.

Äußere Rahmenbedingungen:
Die Instruktorin kümmerte sich um die Rahmenbedingungen. Der Raum war gelüftet, die Spinning Bikes wurden vor dem Kurs in einem Halbkreis aufgestellt und beim Betreten des Raumes wurde man mit motivierender Musik begrüßt.

Integration von neuen Teilnehmern:

Die Instruktorin integrierte jeden neuen Teilnehmer, indem sie sich bei jeder Person erkundigte, ob sie neu im Cycling Kurs sei und bei Bedarf Hilfestellung bei der Einstellung des Spinning Bikes gab.

1.3.3 Funktion als Vorbild

Vermitteln von Freundlichkeit, Spaß, Fitness und Gesundheit:
Die Instruktorin war sehr freundlich. Sie war voller Energie und hatte selber Spaß am Cycling. Sie übermittelte somit die Aspekte von Freundlichkeit, Spaß, Fitness und Gesundheit sehr authentisch.

Persönliche Fitness:
Die Instruktorin war körperlich fit und es gelang ihr dadurch, das Vorbild fit zu sein durch Sport und Training vorzuleben.

Erscheinungsbild und Kleidung:
Die Instruktorin hatte ein gepflegtes Erscheinungsbild und trug sportlich-modische Kleidung. Sie trug zudem eine Mode-Uhr, welche jedoch für einen Cycling Kurs unpassend ist. Es ist empfehlenswert, dass der Kursleiter eine Pulsuhr trägt, womit er den Aspekt der Trainingssteuerung vorleben kann.

1.3.4 Funktion als Animateur

Gute Laune:
Die Instruktorin war gut gelaunt und verbreitete damit eine fröhliche Atmosphäre.

Spaß am gemeinsamen Training:
Die Instruktorin hatte selber Spaß auf dem Bike und der Interkation mit den Teilnehmern. Dies wirkte auf alle Teilnehmer sehr ansteckend.

Motivation der Teilnehmer:
Die Instruktorin war sehr begeisterungsfähig, konnte die Teilnehmer mitreißen und immer wieder neu motivieren, besonders auch bei anstrengenden Phasen.

2 Externe Bedingungen einer Kurseinheit

Externe Bedingungen beeinflussen die inhaltliche Planung einer Kursstunde und müssen daher bei der Planung beachtet und einbezogen werden. Im Folgenden wird anhand von jeweils zwei Beispielen auf die Aspekte Rahmenbedingungen, Zielgruppe und Zielsetzung eingegangen.

2.1 Rahmenbedingungen

Infrastruktur der Räumlichkeiten:

Wird eine Workout Kursstunde bei heißen Außentemperaturen geplant, muss bei nicht vorhandener Klimaanlage die Intensität entsprechend nach unten angepasst werden.

Hilfsmittel:

Die vorhandenen Hilfsmittel müssen in der Planung einbezogen werden. Sind nicht genügend Hilfsmittel vorhanden, müssen für gewisse Übungen Alternativübungen ohne diese Hilfsmittel geplant werden.

2.2 Zielgruppe

Zielgruppe Frauen:

Eine Workout Kursstunde für die Zielgruppe Frauen bedingt, dass Übungen für die von Frauen bevorzugte Zielmuskulatur wie z. B. Bauch, Beine und Gesäß geplant werden.

Leistungsstufe Anfänger:

Bei einer Rückengymnastikstunde für die Leistungsstufe Anfänger müssen einfache Basisübungen geplant werden, welche die Teilnehmer nicht überfordern.

2.3 Zielsetzung

Zielsetzung Beweglichkeit:

Ist die Zielsetzung einer Kursstunde die Verbesserung der Beweglichkeit, so müssen vorwiegend Übungen gewählt werden, welche die Beweglichkeit auch verbessern.

Zielsetzung Herz-Kreislaufsystem:

Soll die geplante Kursstunde das Herz-Kreislaufsystem verbessern, müssen insbesondere die Intensitätsbereiche entsprechenden geplant und eingehalten werden.

3 Kursplananalyse

In Abb. 1 wird ein Kursplan von einem Fitness Studio abgebildet und nachfolgend aus organisatorischer, trainingswissenschaftlicher sowie wirtschaftlicher Sichtweise analysiert.

KURSPROGRAMM

Ob beim Cycling, Power Yoga oder Zumba – gemeinsam kommt man erst so richtig in Schwung. Sehen Sie hier unseren aktuellen Kursplan mit allen Angeboten und finden Sie den perfekten Kurs für sich.

MONTAG

08.30 - 09.30	60 Min.	Functional Toning	Christina
09.45 - 10.45	60 Min.	Cycling	Claudia
12.15 - 12.45	30 Min.	Power Workout	Natascha
13.30 - 15.00	90 Min.	Body fit + Chi Ball	Verena
18.30 - 19.30	60 Min.	Pump	Marion
19.45 - 20.45	60 Min.	Pilates	Christina

DIENSTAG

08.00 - 08.45	45 Min.	Early Bird Toning	Olivia
08.45 - 09.45	60 Min.	Zumba	Patricia
09.45 - 10.15	30 Min.	M.A.X.®	Patricia
10.15 - 11.15	60 Min.	Power Yoga	Susanne
13.45 - 14.45	60 Min.	Pilates	Christina
18.30 - 19.30	60 Min.	Zumba	Katja
19.30 - 20.30	60 Min.	Cycling	Steven / Daniel

MITTWOCH

08.30 - 09.30	60 Min.	Pump	Marion
09.30 - 10.30	60 Min.	Dance & Abs	Marlene
12.30 - 13.30	60 Min.	Cycling	Trix
14.00 - 15.00	60 Min.	Kids Zumba (Spezialabo 6-12 jährige)	Carlos
18.30 - 19.30	60 Min.	Bodytoning	Kathy
19.30 - 20.30	60 Min.	Jumping®	Katja / Team

DONNERSTAG

08.30 - 09.30	60 Min.	Piloxing	Denista
09.30 - 11.00	90 Min.	Bodytoning	Susanne
12.15 - 12.45	30 Min.	Power Workout	Natascha
13.45 - 14.45	60 Min.	Jumping®	Carlos
18.45 - 19.45	60 Min.	deepWORK ™	Christina
19.45 - 20.45	60 Min.	Power Yoga	Christina

FREITAG

08.45 - 09.45	60 Min.	Pilates	Christina
09.45 - 10.45	60 Min.	deepWORK ®	Christina
13.45 - 14.45	60 Min.	Power Yoga	Susanne

SONNTAG

09.30 - 10.30	60 Min.	Cycling	Team
10.30 - 11.30	60 Min.	Cycling	Team

Abb. 1: Kursplan von Sihlpark Fitness & Wellness (Group-Fitness Sihlpark Fitness & Wellness, gültig ab 14. März 2016, 2016)

3.1 Analyse aus wirtschaftlicher Sichtweise

Auslastung des Kursraumes

Der Kursraum weist von Montag bis Donnerstag eine regelmäßige Auslastung auf. Es finden Kurse am Vormittag, Mittag und Abend statt. Das Kids-Zumba am Mittwoch Nachmittag optimiert die Auslastung während einer nicht gewinnbringenden Tageszeit. Die Auslastung könnte jedoch insbesondere am Freitag, Samstag und Sonntag optimiert werden. Beispielsweise könnten weitere Kurse integriert oder Seminare und Workshops angeboten werden.

3.2 Analyse aus organisatorischer Sichtweise

Berücksichtigung der Öffnungszeiten des Studios

Die Öffnungszeiten des Studios sind von Montag bis Samstag von 07.00 Uhr bis 21.30 Uhr und am Sonntag von 08.00 Uhr bis 20.30 Uhr. Alle Kurse wurden mit Berücksichtigung der Öffnungszeiten geplant. Es ist immer genügend Zeit vorhanden zwischen dem Öffnen des Studios und dem Beginn der ersten Stunde sowie auch zwischen dem Ende der letzten Stunde und dem Schließen des Studios.

Nachmittagsprogramm

In Bezug auf Nachmittagsprogramme besteht bei diesem Kursplan Optimierungspotenzial. Der Kursraum steht an allen Tagen am Nachmittag während zwei bis zu dreieinhalb Stunden leer. Dies sind Zeitfenster, wo Kurse und Programme für Kinder angeboten werden könnte. Es bestehen Möglichkeiten, dass das Studio eigene spezifische Programme für Kinder anbietet oder den Kursraum an Sportvereinen vermietet.

3.3 Analyse aus trainingswissenschaftlicher Sichtweise

Angaben über die Leistungsstufe

Die Information über die Leistungsstufe fehlt bei allen Kursbezeichnungen. Die Verbesserung dieses Aspekts würde bedeuten, dass Kursinhalte zielführender geplant werden können. Die Trainingsinhalte der Kurse werden damit für die Zielerreichung der Teilnehmer effektiver. Optimal wäre eine Einteilung in Anfänger und Fortgeschrittene.

Einführungskurse

Der Kursplan enthält keine Einführungskurse. Die Verbesserung dieses Aspektes würde Neumitglieder besser integrieren und Anfänger die Gelegenheit bieten, eine korrekte Technik zu lernen und anzuwenden. Je nachdem wie viele Neumitglieder und Interessenten das Studio pro Woche oder Monat verzeichnet, sollten Einführungskurse auf einer wöchentlichen, zwei-wöchentlichen oder monatlichen Basis angeboten werden.

Differenziertes Angebot an Kursinhalten

In diesem Kursplan werden schwerpunktmäßig kraft- und ausdauerorientierte Kurse angeboten. Gesundheitsorientierte Kurse machen einen Anteil von ca. 7% aus. Gesundheitsorientierte Kurse sind in unserer heutigen bewegungsarmen Gesellschaft sehr wichtig und sollten daher mindestens gleichermaßen berücksichtigt werden. Hier würde eine

Umverteilung der Kurse zugunsten von gesundheitsorientierten Kursen das Kursangebot ganzheitlicher machen.

4 Planung einer Wirbelsäulengymnastik

Im Folgenden wird eine 45-minütige Kurseinheit zum Thema Wirbelsäulengymnastik geplant und dargestellt. Der Schwerpunkt im Hauptteil liegt auf der Kräftigung der rumpfstabilisierenden Muskulatur.

4.1 Zielgruppe

Die Wirbelsäulengymnastik wird für die folgende Zielgruppe konzipiert:

- Gruppengröße: 12
- Geschlecht: Weiblich und Männlich
- Alter: Ab 18 Jahren ohne Begrenzung nach oben
- Leistungslevel / Vorkenntnisse: Fortgeschritten

4.2 Material

Folgende Materialien werden für die geplante Wirbelsäulengymnastik eingesetzt:

- 1 Gymnastikmatte pro Teilnehmer
- 1 Schaumstoffrolle pro Teilnehmer

4.3 Stundenplanung der Wirbelsäulengymnastik

Tab. 1: Stundenplanung Wirbelsäulengymnastik

Einleitung (2 Minuten): Begrüßung der Teilnehmer, Nennung der Zielsetzung und des Ablaufes der Stunde, Hinweis auf fortgeschrittenen Level				
Allgemeines Warm Up (4 Minuten)				
Ziel der Übung	**Übungsbezeichnung**	**Übungsbeschreibung**	**Belastungsgefüge**	**Bemerkungen/Hinweise**
Erhöhung Körperkerntemperatur	March	Armkreisen	4 Wdh. / 32 Beats	Hinweise auf gute Haltung und große Bewegungsamplitude
	Side to Side	Hände an Hüfte	64 Beats	
	Side to Side	Schultern nach hinten kreisen	64 Beats	
	Step Touch	Schultern nach hinten kreisen	64 Beats	
	Step Touch	Schultern hoch und tief ziehen	64 Beats	
	Toe Tap	Schultern hoch und tief ziehen	64 Beats	
	Toe Tap	Arme nach vorne strecken	64 Beats	
Spezielles Warm Up (3 Minuten): Mobilisation Wirbelsäule, Aktivierung & Wahrnehmung tiefe Bauchmuskulatur				
Ziel der Übung	**Übungsbezeichnung**	**Übungsbeschreibung**	**Belastungsgefüge**	**Bemerkungen/Hinweise**
Mobilisation Wirbelsäule	Hohlkreuz / Katzenbuckel	Hüftbreiter Stand, Hände auf Knie abstützen, abwechslungsweise Rundrücken und Hohlkreuz	1x 8-10 Wdh	Langsame, bewusste Bewegungsausführung
	Hüftheben aus Rückenbrücke	Rückenlage mit angewinkelten Beinen, von unten her Wirbel für Wirbel vom Boden abheben bis Körper eine Linie. Wirbel für Wirbel von oben auf Boden zurückrollen.	1x 8-10 Wdh.	Tiefe Bauchmuskulatur einziehen. Langsame Bewegungsausführung
Aktivierung tiefe Bauchmuskulatur	Bauch einziehen im liegen	Rückenlage, Beine anwinkeln, Schaumstoffrolle zwischen Knie, Bauchmuskulatur aktiv nach innen ziehen und halten.	3x6 Wdh à jeweils 5 Sek. Haltedauer	Lendenwirbelsäule gegen Boden drücken

Ziel der Übung	Übungsbezeichnung	Übungsbeschreibung	Belastungsgefüge	Bemerkungen/Hinweise
Aktivierung / Kräftigung tiefliegende / stabilisierende Rumpfmuskulatur	Vier-Punkt-Stabilisationszirkel	1) Unterarmstütz 2) Seitstütz rechts 3) Vierfüßler, Arm&Bein diagonal gesteckt, Wechsel n. 10 Sek. 4) Seitstütz links 5) Unterarmstütz	Statisch, 1x ganzer Zirkel, 20 Sek. je Übungsfolge ohne Pause dazwischen	Ellbogen / Handgelenk unter Schultergelenk, Körper bildet eine Linie, tiefe Bauchmuskulatur einziehen
	Vier-Punkt-Stabilisationszirkel	1) Unterarmstütz, Füße up & down 2) Seitstütz rechts, oberes Bein up & down 3) Vierfüßler, Arm&Bein diagonal gesteckt, Wechsel n. 10 Sek. 4) Seitstütz links, oberes Bein up & down 5) Unterarmstütz, Füße up & down	Statisch, 1x ganzer Zirkel, 20 Sek. je Übungsfolge ohne Pause dazwischen	Ellbogen / Handgelenk unter Schultergelenk, Körper bildet eine Linie, tiefe Bauchmuskulatur einziehen

Hauptteil (26 Minuten): Zielsetzung: Kräftigung der rumpfstabilisierenden Muskulatur.

Ziel der Übung	Übungsbezeichnung	Übungsbeschreibung	Belastungsgefüge	Bemerkungen/Hinweise
Kräftigung unterer Rücken, ischiocrurale Muskulatur, Glutaeus	Hüftheben aus Rückenbrücke	Aus Brückenposition Hüfte heben und senken. Hüfte bleibt parallel zum Boden. Fersen in Boden drücken, Gesäßmuskulatur aktivieren. Schaumstoffrolle zwischen Knie einklemmen.	3x 8-10 Wdh.	Tiefe Bauchmuskulatur einziehen
Kräftigung unterer Rücken, ischiocrurale Muskulatur, Glutaeus	Hüftheben aus Rückenbrücke einbeinig	Aus Brückenposition ein Bein nach vorne/oben strecken, Oberschenkel parallel. Hüfte heben und senken. Hüfte bleibt parallel zum Boden. Fersen in Boden drücken, Gesäßmuskulatur aktivieren.	3x 8-10 Wdh. je Seite	Tiefe Bauchmuskulatur einziehen
Kräftigung schräge Bauchmuskulatur	Seitstütz mit Oberkörper Rotation	Unterarmstütz, oberer Arm zur Decke strecken, dann oberer Arm unter Körper durchführen, Hüfte bleibt dabei soweit möglich fixiert.	3x 8-10 Wdh. je Seite	Körper in einer Linie halten von Kopf bis Fuß.
Kräftigung seitliche Rumpfmuskulatur	Seitstütz	Aus Seitstützposition Hüfte senken und heben. Tiefster Punkt: Hüfte berührt fast den Boden, höchster Punkt: Hüfte ragt über Startposition hinaus.	3x 8-10 Wdh. je Seite	Tiefe Bauchmuskulatur einziehen

Ziel der Übung	Übungsbezeichnung	Übungsbeschreibung	Belastungsgefüge	Bemerkungen/Hinweise
Kräftigung gerade und tiefe Bauchmuskulatur	Crunch mit Baucheinziehen	Rückenlage, Beine anwinkeln, Lendenwirbelsäule gegen Boden drücken, Hände hinter Kopf, Schultergürtel vom Boden abheben, heben und senken kleiner Bewegungsumfang.	3x 8-10 Wdh.	Tiefe Bauchmuskulatur einziehen
Kräftigung untere Bauchmuskulatur	Beinheben	Rückenlage, Arme neben Körper legen, Beine zur Decke strecken und hochstoßen, kleiner Bewegungsumfang.	3x 8-10 Wdh.	Tiefe Bauchmuskulatur einziehen, langsam und kontrolliert arbeiten.
Kräftigung Rückenmuskulatur	Superman	Bauchlage, gestreckte Arme und Beine, Arme und Beine gestreckt abheben, halten, dabei Körper lang machen.	2x4 Wdh à jeweils 3 Sek. Haltedauer	Kopf in Verlängerung der Wirbelsäule

Cool-down I (5 Minuten): Entspannung

Ziel der Übung	Übungsbezeichnung	Übungsbeschreibung	Belastungsgefüge	Bemerkungen/Hinweise
Lockerung des Rückens	Rückenkreisen	Rückenlage, Knie anwinkeln und mit Armen zum Körper ziehen, Kreisbewegungen aus Hüfte	30 Sek. langsames Kreisen	Tiefe Atmung
Entspannung	Entspannungsübung	Rückenlage, gestreckte Beine, Arme neben Körper, Augen schließen, Teilnehmer auf eine Entspannungsreise mitnehmen	4.5 Minuten	Ruhige tiefe Atmung

13

Cool-down II (4 Minuten): Erhaltung der Beweglichkeit durch Dehnung, Einleitung der Regeneration

Ziel der Übung	Übungsbezeichnung	Übungsbeschreibung	Belastungsgefüge	Bemerkungen/Hinweise
Dehnung Gesäßmuskulatur	Gesäßstretch	Rückenlage, re. Bein über li. Knie schlagen, li. Bein zum Körper ziehen. Seitenwechsel	30 Sek. halten je Seite (passiv statisch)	Kopf auf Matte ablegen
Dehnung der schrägen Bauchmuskulatur	Twistliege	Rückenlage, Beine angewinkelt auf die li. Seite legen, re. Arm nach oben hinter Kopf strecken, mit Blick re. Hand folgen. Seitenwechsel.	20-30 Sek. halten je Seite (aktiv statisch)	Knie aktiv auf Boden drücken wenn sie sich vom Boden lösen
Dehnung Bauchmuskulatur	Bauchstretch	Bauchlage, gestreckte Beine, Hände abstützen, Oberkörper nach oben/hinten drücken.	20-30 Sek. halten (passiv statisch)	Becken bleibt am Boden
Dehnung seitliche Rumpfmuskulatur	Seitstretch	Seitgrätschstand, Arme zur Decke gestreckt und Oberkörper leicht zur Seite neigen. Aktiver Zug nach oben.	20-30 Sek. halten je Seite (aktiv statisch)	Hüfte bleibt fixiert
Dehnung unterer Rückenmuskulatur	Rund-Hohlrücken	Im Stand mit aktivem Knie Oberkörper nach vorne neigen, abwechslungsweise Rund- und Hohlrücken.	Je 6x Rund- u. Hohlrücken (aktiv dynamisch)	Hände auf Oberschenkel abstützen
Abschluss	Armkreisen	Im Stand Schultern zurücksetzen und danach Arme seitlich hoch und tief kreisen. Tief ein- und ausatmen.	3 Wiederholungen	Mit Hinweis auf gute Haltung abschließen

Abschluss (1 Minute): Verabschiedung der Teilnehmer, Dank für die Teilnahme und Aufräumen der Matten & Rollen

Die Reihenfolge der Übungen wurde anhand verschiedener Kriterien festgelegt und wird nachfolgend erläutert.

Die Mobilisationsübungen, die Aktivierungsübung sowie die nachfolgenden Stabilisationsübungen erfolgen im speziellen Warm Up, um die Muskulatur, welche in den nachfolgenden Kräftigungsübungen beansprucht wird, spezifisch zu mobilisieren, zu aktivieren und aufzuwärmen. Zuerst wird die Muskulatur mobilisiert. Danach wird die Tiefenmuskulatur durch Aktivierungs- und Stabilisationsübungen spezifisch aktiviert. Darüber hinaus soll die Aktivierungsübung die Wahrnehmung der tiefen querverlaufenden Bauchmuskulatur schulen. Bei allen nachfolgenden Kräftigungsübungen soll die tiefe Bauchmuskulatur aktiviert werden. Die zwei Stabilisationszirkel folgen einander nach dem Prinzip vom Einfachen zum Schweren.

Die Reihenfolge der nachfolgenden Kräftigungsübungen folgt primär dem Prinzip von großen zu kleinen Muskelgruppen. Die Rückenübungen beanspruchen den größten Muskelmassenanteil und erfolgen daher zu Beginn der Kräftigungsübungen. Die zwei Rückenübungen folgen dem Prinzip vom Einfachen zum Schweren. Die Rotationsübung erfolgt vor dem Seitstütz aufgrund ihrer Komplexität. Sie verlangt sehr viel Rumpfspannung, Koordination und Balance. Der Seitstütz erfolgt vor dem Crunch und dem Beinheben, da mehr Muskelmasse beansprucht und gleichzeitig eine höhere Rumpfspannung abverlangt wird. Die abschließende isolierte Rückenübung erfolgt zum Schluss, da die Rückenstreckmuskulatur nicht vorzeitig ermüdet werden soll.

Die anschließende Lockerungsübung folgt direkt nach den Kräftigungsübungen und vor der Entspannungsübung, um dem Körper das Signal zu geben, das System herunterzufahren und gleichzeitig von den Kräftigungsübungen zur Entspannungsübung überzuleiten.

Die Dehnungsübungen erfolgen zum Schluss der Rückengymnastik, um die Teilnehmer wieder in das Jetzt zurückzuholen und die Regeneration sowie auch die Beweglichkeit zu verbessern. Die Übungen folgen der Reihenfolge der Ausgangsstellung des Körpers, ausgehend von der Rückenlage über die Bauchlage in den aufrechten Stand.

5   Literaturverzeichnis

Group-Fitness Sihlpark Fitness & Wellness, gültig ab 14. März 2016. (2016). Zugriff am 23.03.2016. Verfügbar unter http://static1.squarespace.com/static/55c1bb7fe4b0d697a65ca2b5/t/56e6cc3a59827e 4b8479cd2e/1457966139330/Kursprogramm2016.pdf

Martin, D., Carl, K. & Lehnertz, K. (1993). *Handbuch Trainingslehre.* Schorndorf: Hofmann.

Reiß, M. & Eifler, C. (2015). *Studienbrief Gruppentraining I.* Saarbrücken: Deutsche Hochschule für Prävention und Gesundheitsmanagement.

Zintl, F. (1997). *Ausdauertraining.* München: BLV-Sportwissen.

6 Abbildungs- und Tabellenverzeichnis

6.1 Abbildungsverzeichnis

6.2 Tabellenverzeichnis

BEI GRIN MACHT SICH IHR WISSEN BEZAHLT

- Wir veröffentlichen Ihre Hausarbeit, Bachelor- und Masterarbeit

- Ihr eigenes eBook und Buch - weltweit in allen wichtigen Shops

- Verdienen Sie an jedem Verkauf

Jetzt bei www.GRIN.com hochladen und kostenlos publizieren